DOROTHÉE ENGEL

Hamburgs schönste Biergärten

Die besten Adressen in der Hansestadt

SUTTON FREIZEIT

Inhalt

RATSHERRN
RATSHERRN

Vorwort und Dank

Der eine oder andere wird beim Gedanken an Biergärten in Hamburg vielleicht grinsen oder stirnrunzelnd den Kopf schütteln, aber wir hier oben sind geradezu prädestiniert für Biergärten. Wir sind wie geschaffen für das entspannte Draußensitzen. Während die Menschen im Süden der Republik auf sogenannte »Biergartentemperaturen« warten, sind wir schon lange draußen. Im Zweifel greifen wir einfach zur Fleecedecke. Ich schätze, Hamburg ist *die* Stadt in Deutschland mit der größten Fleecedeckendichte. Die Hamburger haben sowieso ein besonderes Verhältnis zum Wetter. Wenn sich im Frühjahr die ersten Sonnenstrahlen länger als zwei Stunden zeigen, zieht es alle nach draußen: Es könnte der Sommer sein! Und das Vorurteil, dass es in Hamburg ständig regnen würde, ist ein eben solches. Wenn es dann tatsächlich mal regnet, gibt es in allen Biergärten riesige Sonnenschirme, die vor dem Regen schützen.

Ein gutes Bier darf man auch gepflegt aus dem Glas trinken.

Darüber hinaus sind wir offen, was die Definition des Begriffs »Biergarten« betrifft. Wir bestehen nicht sklavisch auf Kastanien und klassische Biertische. Es darf ruhig ein Liegestuhl am Elbstrand oder ein Stehtisch an der Alster sein. Aber auch wir haben »echte« Biergärten, darunter den größten Norddeutschlands – mit Biertischgarnitur und allem, was dazugehört.

Dieses Buch führt Sie zu den 17 schönsten Biergärten Hamburgs; und so ganz nebenbei lernen Sie Gegenden der Hansestadt kennen,

Brezeln fehlen auch in keinem Hamburger Biergarten.

in die Sie sonst vielleicht nie gekommen wären: Volksdorf, Bergstedt und die Vier- und Marschlande.

Unsere »Biergarten-Route« führt von Westen nach Osten: von Blankenese nach Oevelgönne und St. Pauli. Ins Schanzenviertel und von dort, am westlichen Alsterufer entlang, in den Hamburger Norden nach Bredstedt und Volksdorf. Zurück geht es über Barmbek und Hasselbrook ans östliche Alsterufer. Von dort wagen wir den Sprung über die Elbe nach Harburg und beenden unsere Tour, nachdem wir die Elbe erneut überquert haben, am Zollenspieker-Hauptdeich.

Ich möchte Ihnen aber nicht nur die einzelnen Biergärten vorstellen, sondern auch das Drumherum: Die Biergärten liegen in schönen Gegenden Hamburgs, deren Reiz und Sehenswürdigkeiten man sich auf keinen Fall entgehen lassen sollte. Zwischen

Treppenviertel, Alsterlauf und den Vier- und Marschlanden gibt es auf jeden Fall viel zu sehen und zu entdecken.
Wer sich fragt, warum gerade diese Biergärten und keine anderen: Es ist einfach meine ganz persönliche Auswahl, und ich hatte nur eine bestimme Anzahl an Buchseiten zur Verfügung. Viele der beschriebenen Locations bieten auch Innenplätze an. Diese habe ich nicht berücksichtigt und auch nicht beschrieben, schließlich geht es beim Biergartenfeeling um schön und draußen.
Ich gebe es offen und ehrlich zu: Ich habe dieses Buch als Weintrinkerin begonnen. Na ja, hab ich mir gedacht, Du kennst Hamburg, kennst die schönen Plätze, dann schreib eben darüber und welche Biere es dort gibt. Bei meiner Recherche bin ich schnell auf die Hamburger Craft Bier Szene gestoßen und habe mich mit ihrer Philosophie des Bierbrauens beschäftigt. Bier war mir bis dahin entweder zu fade oder zu bitter. Zudem mag ich einfach nicht aus der Flasche trinken.

Kronkorken: eine amerikanische Erfindung. Wie viele Zacken er hat? 21.

Hopfen. Die Craft-Brauer schöpfen seine Vielfalt voll aus. Das Ergebnis sind Biere mit einer breiten Geschmacksvielfalt.

Die ersten Bierproben brachten unvergleichliche Geschmackserlebnisse: Das Bier schmeckte nach etwas! Mal hopfiger, mal malziger – und es wurde im Glas serviert; gern auch mit Stiel. Bis dahin hatte ich nicht gewusst, dass es weltweit 150 Bierstile gibt, mehr als 200 Sorten Hopfen und zahlreiche Malze und Hefen.

Ich danke Julia Wesseloh (Kehrwieder Kreativbrauerei), Dirk Paul (elbPaul) und Jan Hrdlicka (Ratsherrn), dass sie mir mit Rat und Tat zur Seite gestanden haben, mich durch ihre Brauereien geführt und mir Probierpakete mitgegeben haben. Auch die Inhaber und Mitarbeiter der vorgestellten Hamburger Biergärten haben mich mit viel Engagement unterstützt. Es war eine besonders schöne und köstliche Recherche. Der Weinkeller wurde um einen Bierkeller erweitert, in dem jetzt der ein oder andere Kasten Hamburger Craft Bier lagert bzw. zum Trinken bereitsteht.

Mein größter Dank gilt wie immer J.!

Dorothée Engel

Zeichenerklärung

Anzahl der **Sitzplätze**

Spielmöglichkeiten für Kinder

Preisklasse

€ niedrig | €€ mittel | €€€ gehoben

Hamburg – die Bierstadt

Das Brauhaus der Hanse

Vor mehr als 1.000 Jahren wurde in Hamburg das erste Bier gebraut. Meist zu Hause und von Frauen, für den Eigenbedarf. Bier galt als Grundnahrungsmittel: Es wurde Suppe, Sauce oder Brei daraus gekocht und Brot damit gebacken. Jeder konnte so viel brauen, wie er wollte bzw. brauchte. Alkoholgehalt und Geschmack waren jedoch noch weit von dem entfernt, was wir heute als Bier kennen und lieben. Die Brauereien wurden in drei Gruppen unterteilt, je nach den Märkten, die sie

belieferten: Stadtbrauer, Landbrauer und Seebrauer.
1270 exportierten die Hamburger ihr Bier bereits nach Gotland und Norwegen. Ende des 14. Jahrhunderts war Hamburg das Brauhaus der Hanse. Im Großraum der Hansestadt gab es 457 Brauereien, Anfang des 15. Jahrhunderts waren es schon mehr als 500. Die Jahresproduktion betrug 200.000 Fässer, also etwa 400.000 Hektoliter. Damit machte Bier ein Drittel des Hamburger Exports aus, der Exportschlager schlechthin. Die meisten Fässer wurden nach Amsterdam und Stavoren oder nach Flandern, England, Preußen und Livland geliefert. Der Niedergang der Hanse ab dem 15. Jahrhundert und der Dreißigjährige Krieg brachten einen Strukturwandel mit sich, aufgrund dessen der Bierexport deutlich zurückging.
Im Laufe des 19. Jahrhunderts veränderte sich die Brautechnologie grundlegend. Dampf- und Kältemaschinen, die die Herstellung erleichterten, kamen zum Einsatz. 1879 wurde in Altona die Holsten-Brauerei gegründet, und um 1900 zählte man in Hamburg, Altona und Umgebung 15 Aktienbrauereien und diverse Privatbrauerein. Bier war wieder »in«. Dann kamen der Erste und der Zweite Weltkrieg und der Markt brach erneut ein.

In Hamburg braut sich was zusammen

Als Großbrauerei erholte sich Holsten relativ schnell, obwohl die drei Produktionsstätten in Hamburg, Neumünster und Kiel weitestgehend zerstört waren. 1952 führte Holsten die Bierdose ein und ab 1954 begann der rasante Kauf der Konkurrenz. Als die Brauerei 2004 schließlich selbst vom dänischen Carlsberg-Konzern gekauft wird, gehören ihr unter anderem die Germania-Brauerei aus Bremen, Lübzer, Licher und König. Und die Hamburger Traditionsbrauerei Bavaria-St. Pauli (Astra), zu der die Elbschloss-Brauerei (Ratsherrn Premium Pilsner) gehört.
Die aktuelle Braulandschaft in Hamburg ist vielseitig. Neben »Holsten knallt am dollsten« und »Astra. Was dagegen?« gibt es Gröninger, Blockbräu und das Brauhaus Johann Albrecht. Und vor allem eine junge, innovative Craft Bier Szene. Hiefür stehen

Das Lieblingstier der Deutschen: der Zapfhahn.

zum Beispiel die Kehrwieder Kreativbrauerei, elbPaul, Ratsherrn oder Buddelship. Sie alle brauen Biere, die, weit ab vom Fernsehbier-Mainstream, Wert auf Handwerk (sic!), beste Rohstoffe und originelle Rezepturen legen. Das klassische deutsche Reinheitsgebot ist da meist nur hinderlich. Apropos Reinheitsgebot, darum ranken sich ja die abenteuerlichsten Geschichten. Was stimmt: Es wurde am 23. April 1516, im Rahmen einer Landordnung, von den bayrischen Herzögen Wilhelm IV. und Ludwig X. erlassen und besagt, dass »zu keinem Bier mehr Stücke als allein Gersten, Hopfen und Wasser verwendet und gebraucht werden sollen.« Nur kann man aus den genannten Zutaten gar kein Bier brauen, wie wir es heute verstehen; es fehlt die Hefe. Die war zur Zeit der Herzöge nämlich noch gar nicht entdeckt. Die Gärung war seinerzeit ein Zufallsprodukt durch wilde Hefestämme (Spontangärung). Es ging den beiden auch weniger um die Reinheit des Bieres, als um das tägliche Brot bzw. das liebe Geld: Die Biersteuer wurde auf Gerste erhoben,

daher wichen viele Brauer auf die Brotgetreide Weizen und Roggen aus, auf die keine Abgaben zu zahlen waren. Mit ihrer Verordnung sicherten die Herzöge die Lebensmittelversorgung und gleichzeitig den Geldfluss in ihre Kassen. Später führten die Wittelsbacher übrigens ein Braurecht für Weizenbier ein, das man sich teuer erkaufen musste, und verdienten gutes Geld damit.
Und heute? Heute gilt das »Vorläufige Biergesetz von 1993«. Das erlaubt so einiges. Beispielsweise bei obergärigen Bieren (die Hefe steigt nach der Fermentierung nach oben), andere Getreidesorten einzusetzen, wie Weizen, Roggen oder Dinkel; oder auch Zucker, Zuckerkulör und Süßstoff zuzusetzen. Für untergärige Biere (Pils und Lager) gilt das nicht, warum auch immer. Dafür werden ihnen meist technische Hilfsstoffe wie E1202 beigemischt, um die nicht erwünschte Trübung des Bieres zu vermeiden. 2016 feiert das Reinheitsgebot sein 500. Jubiläum. Es gibt viele Vorschläge, es zu modifizieren und damit den Biermarkt »offener« zu gestalten – nicht für künstliche Zusatzstoffe, sondern für Brauvarianten, die in anderen Ländern bereits auf großes Interesse und begeisterte Biertrinker gestoßen sind.

So ein elbPaul schmeckt aber auch im Biergarten, nicht nur am Strand.

Craft-Bier – ausgefallene Rezepturen und große Geschmacksvielfalt

Die Craft Bier Szene entwickelte sich in den Achtzigerjahren in den USA. Kein Wunder, wenn man schon einmal Budweiser Light getrunken hat. Für dieses Getränk kursieren die bösesten Bezeichnungen ... Was als Hobby für Familienväter begann, entwickelte sich zu einer weltweiten Bewegung, die sehr viel mehr ist, als nur ein weiterer Marketing-Gag der Getränkeindustrie. Sylvia Kopp, eine der fünf besten Bier-Sommeliers der Welt, übersetzt den Begriff mit »kunstfertig Gebrautes«. Das trifft es gut, denn Craft Biere kommen meist aus konzernunabhängigen kleinen Brauereien, die sich sehr viel Mühe mit ihrem Handwerk geben und sich durch Kreativität und Experimentierfreudigkeit auszeichnen. Zum Beispiel elbPaul von Dirk Paul: »Für mich ist Bier das schönste Getränk der Welt. Darum habe ich mich selbstständig gemacht. Meine Biere braue ich in Celle. Mit der Brauerei habe ich einen sehr guten Kooperationspartner gefunden, bei dem ich mich entfalten kann. Eine eigene Brauerei ist in Planung, aber so was ist sehr, sehr teuer ...« Mit Pils, Weizen und Bock bietet der Einzelkämpfer mittlerweile drei Biere an.

Ein gigantisches Angebot mit mehr als 300 Sorten Bier aus aller Welt erwartet Sie im Craft Beer Store (http://craftbeerstore.de). Nach der ersten Verwirrung findet hier jeder sein Lieblingsbier.

Vom Gärtank über die Lagertanks zur Abfüllung. Und endlich – die Kiste für zu Hause.

Letztlich ist es ganz einfach: Der Geschmack ist entscheidend. Darum geht es auch Simon Siemsglüss, der in seiner Buddelship Brauerei »braut wie früher: von Hand und mit harter Arbeit!« und Aram Calbiyik, der sich mit seinem Kuddel Bier einen Traum erfüllt hat. »Ich wollte ein Bier machen, das mir schmeckt. Beim Brauen verzichten wir darum auch darauf, das Bier durch Erhitzen zu pasteurisieren. Das macht es zwar länger haltbar, wirkt sich aber negativ auf den Geschmack aus.« Von Oliver Wesseloh, Inhaber der Hamburger Kehrwieder Kreativbrauerei und Weltmeister der Biersommeliers 2013, habe ich gelernt, dass, wenn man einen Bierstil mit dem gleichen Malz und der gleichen Hefe braut und nur den Hopfen austauscht, mehr als 200 Biere mit unterschiedlichen Geschmacksprofilen entstehen.
Bier kann so viel mehr sein, als nur die »Pulle vor dem Fernseher«. Neben Pils, Kölsch, Alt und Weizen gibt es Pale Ale, India Pale Ale, Stout, Kellerbiere, Bock Biere und und und.

Eine Tradition lebt wieder auf: der Hamburger Senatsbock.

Die Kreativbrauerei hat für das Frühjahr 2016 sechs verschiedene Biere im Angebot. Allen voran Prototyp Hamburg Style Lager. Es war nicht nur das erste Bier der Brauerei, sondern auch das erste seiner Art in Deutschland. Inzwischen ist es zum Prototypen eines neuen Bierstils geworden. Es ist ein starkes, kalt gehopftes Lager, das mit zwei Aromahopfen sieben Wochen gelagert wird. Geschmacklich verbindet es die Leichtigkeit eines Pils mit der Fruchtigkeit eines Pale Ale – und das natürlich unfiltriert und unpasteurisiert.

Das Brauhandwerk ist im wahrsten Sinn des Wortes ein Buch mit sieben Siegeln: 1. Schroten, 2. Maischen, 3. Läutern, 4. Würze kochen, 5. Ausschlagen und Kühlen, 6. Gärung und 7. Lagerung. Dann wird abgefüllt und endlich kann getrunken werden.

Dass Brauereien nicht nur Konkurrenten sein müssen, zeigt das Joint Venture der fünf Hamburger Brauereien BLOCKBRÄU, Joh. Gröninger, Kehrwieder Kreativbrauerei und Ratsherrn. Mit dem Senatsbock haben sie 2013 eine Hamburger Tradition wiederbelebt. Bockbierzeit – so nannte sich in den 1950er-Jahren die fast vergessene fünfte Hamburger Jahreszeit, zu der die Brauereien der Hansestadt gemeinschaftlich ihren Doppelbock brauten. Zunächst trafen sich die Brauer und tüftelten an der Rezeptur, und seit 2015 gibt es den Senatsbock wieder. Wie er schmeckt? Hier eine »Kostprobe«: Stammwürze: 18,4%, Alkohol: 7,7 % vol., Bittereinheiten: 38 IBU, Aroma: leicht nussig im Antrunk, Röstmalzaromen von Zartbitterschokolade und Espresso. Glas: bauchige Form, Trinktemperatur: 10°C, Empfehlung: zum Dessert oder zu Wildgerichten.

2014 hat jeder Deutsche 99,5 Liter Bier getrunken – vom Baby bis zum Opa. Der Wert der tatsächlichen Biertrinker liegt also deutlich höher. Laut Statistischem Bundesamt wurden

insgesamt 8 Milliarden Liter Bier und Biermischgetränke konsumiert. Bier ist demnach immer noch das liebste Getränk der Deutschen. Und sein Lieblingsgetränk sollte man an einem Lieblingsort genießen …
Und das ist für viele im Sommer unbestritten der Biergarten. Die ersten Biergärten entstanden Anfang des 19. Jahrhunderts in Bayern. Die Brauer hatten Probleme, das Bier zu kühlen, schließlich wollten sie kein ranziges Bier verkaufen. Also lagerten sie die Fässer in eigens dafür gebauten Kellern und pflanzten oben Kastanien, die Schatten spendeten und ebenso für Kühlung sorgten. Bald kamen Ausflügler, die es genossen, im Brauereigarten unter den Kastanien zu sitzen und ein frisch gezapftes Bier zu trinken. So begannen mit der Zeit immer mehr Brauer, ihr Bier auch im Krug an Privatleute zu verkaufen und nicht nur die Fässer an Wirte. Zunächst nur geduldet, legalisierte König Max I. Joseph am 4. Januar 1812 in seiner Biergartenverordnung die »wilden« Biergärten. Allerdings durften die Brauer nur Bier verkaufen, keine Speisen. Das erklärt, warum man in echten bayrischen Biergärten noch heute sein Essen mitbringen darf.
Hamburg war und ist eine Bierstadt und immer offen für Neues. Hier wird nicht nur gutes Bier gebraut, man kann es auch an den schönsten Plätzen mit außergewöhnlichem Ausblick genießen: Ganz beschaulich unter Kastanien an einem Mühlteich, mit einem grandiosen Blick auf große Pötte an der Elbe, beim Bötchen gucken an der Alster oder in der Schanze, in umgebauten, renovierten Schlachthöfen. Wo immer Sie sich am wohlsten fühlen, Sie sind herzlich willkommen.

Prost!

Hamburgs
schönste Biergärten

1 Süllberg

Hoch über der Elbe

Nach der Bezwingung des Treppenviertels erwartet Sie der Biergarten mit einem überwältigenden Blick über die Elbe. Hier lässt man es sich bei kühlem Bier und vorzüglichen Gerichten gut gehen und bewundert dabei die vorbeiziehenden Schiffe.

250 | €€€

Fassbiere
Bitburger Pils
Köstritzer Schwarzbier
Erdinger Hefeweizen, naturtrüb

Flaschenbiere
Bitburger Drive, alkoholfrei
Erdinger Hefeweizen (dunkel, kristall, alkoholfrei, pikantus)

Öffnungszeiten
Getränke-Pavillon
Mo-Fr: 11.30–22 Uhr
Sa, So, Feiertage: 11–22 Uhr
Food-Pavillon
Mo-Fr: 12–15 Uhr; 18–21.30 Uhr
Sa, So, Feiertage: 11.30–21.30 Uhr

Hunde
Erlaubt.

Anfahrt
Mit dem Auto aus der Innenstadt über die Elbchaussee oder die Osdorfer Landstraße (B431). Ab Hauptbahnhof mit der S1 oder S11 bis zum Bahnhof Blankenese. Von dort aus zu Fuß oder mit dem Bus 48 bis Krögers Treppe.

Adresse
Süllberg
Süllbergsterrasse 12
22587 Hamburg
040/8662520
www.karlheinzhauser.de

Seit 2002 ist der Sternekoch Karl Heinz Hauser Hausherr auf dem Blankeneser Süllberg. Aber nicht nur das Gourmetrestaurant »Seven Seas« und das »Deck 7 Market Restaurant« locken die Menschen hierher, sondern auch der Biergarten.
Der Süllberg liegt im Stadtteil Blankenese, der immer einen Besuch wert ist. Wenn Sie einen Spaziergang am Elbstrand gemacht oder das Treppenviertel erklommen haben, das etwa 5.000 Stufen hat, haben Sie sich Ihr Bier redlich verdient. Unter Bäumen oder Sonnenschirmen können Sie entspannt ausruhen.
Wer hier sitzt, 75 Meter über der Elbe, genießt einen grandiosen Panoramablick. Bei gutem Wetter reicht der Blick bis ins Alte Land und zur Insel Neßsand, die lang gestreckt in der Elbe liegt. Die großen Containerschiffe ziehen majestätisch vorbei – in Richtung Hafen oder hinaus aufs Meer. Auch Flugzeugfans kommen auf ihre Kosten. Am gegenüberliegenden Elbufer befindet sich das Airbus-Werksgelände, sodass man die großen Maschinen

Der Biergarten auf dem Süllberg bietet einen unvergleichlichen Blick über die Elbe.

starten und landen sehen kann. Aber keine Angst: Der Fluglärm stört nicht beim Biergenuss.

Das Weizen und etwas zu essen holen Sie sich im Pavillon ab, wo die Gerichte frisch zubereitet werden. Achtung: Wochentags ist die Küche zwischen 15 Uhr und 18 Uhr geschlossen. Die Karte reicht von der ofenfrischen Brezel (2 €), über die Riesen-Currywurst mit Pommes (6 €) bis zum frisch gegrillten Landhähnchen mit Kartoffel-Gurkensalat (11 €).

Wenn Sie mit dem Auto kommen, können die Parkgebühren schon mal teuer zu Buche schlagen. Es gibt nahezu keine Parkplätze auf dem Süllberg, und die

Tiefgarage kostet 2,50 € pro angefangene Stunde. Dann lieber mit S-Bahn oder Bus kommen.
Wenn Sie Ihren Ausflug in die Elbvororte mit einem unvergleichlichen Ausblick krönen wollen, sind Sie im Biergarten auf dem Süllberg an der richtigen Adresse.

Tipp

Blankenese gehört zu den sogenannten Elbvororten (Othmarschen, Nienstedten, Blankenese, Iserbrook, Rissen), die alle direkt an der Elbe liegen. In dem ehemaligen Fischerdorf schmiegen sich historische Kapitäns- und Lotsenhäuser an den Hang. Durch die Straßen des Treppenviertels fahren die sogenannten »Bergziegen«, Kleinbusse des HVV, die es nur hier in Blankenese gibt. Wer einen Schiffsausflug machen möchte, besteigt einfach an den St. Pauli Landungsbrücken den »Elb-Hüpfer« der HADAG und lässt sich nach Blankenese schippern. Die Saison beginnt im April und geht bis Oktober. Wo sonst kommt man schon auf so schöne Weise zum Biergarten? www.hadag.de

Der hauseigene Erdbeerkuchen ist im Sommer auch im Biergarten der absolute Renner.

2 Zur Elbkate

Das Gasthaus für die ganze Familie

Direkt an der Elbe gelegen kommen hier Urlaubsgefühle auf. Der gut ausgestattete Spielplatz lässt die Herzen der Kleinen höher schlagen – und die Eltern entspannen unter den schattigen Kastanienbäumen.

400 €€€

Fassbiere
keine
Flaschenbiere
Veltins, Dithmarscher dunkel, Maisel's Hefeweizen
Öffnungszeiten
Täglich, je nach Wetterlage, von 10–22 Uhr.
In den Wintermonaten bis 18 Uhr.
Hunde
Erlaubt, aber nur an der Leine.

Anfahrt
Das Auto parkt man am besten an der Elbchaussee oder in einer der umliegenden Seitenstraßen. Ab Hauptbahnhof mit der S1 bis Othmarschen und von da aus mit dem Bus 286 bis zur Haltestelle Halbmondsweg. Von dort aus sind es noch ca. 5 Minuten Fußweg.
Adresse
Zur Elbkate
Övelgönner Hohlweg 12
22605 Hamburg
Tel: 040/880 37 66
www.elbkate.de

Die Elbkate liegt direkt an der Elbe, am Elbwanderweg zwischen Teufelsbrück und Neumühlen. Für Kinder ist der Biergarten ein Paradies: Schaukel, Wippe, Rutsche – alles vorhanden. Vor allem aber kann man in den Weiden, deren Äste bis übers Wasser reichen, hervorragend klettern. Einen Steinwurf entfernt, liegt der »Alte Schwede«. Ein riesiger Findling, mit dem selbst Obelix seine Schwierigkeiten gehabt hätte: 217 Tonnen schwer, 4,5 Meter hoch und ein Umfang von 19,7 Metern. Kein Wunder, dass er bei Kletterern hoch im Kurs steht. Dort können die Kinder auch fabelhaft im Sand buddeln. Während sich der Nachwuchs austobt, relaxen die Erwachsenen unter Kastanien – ein echter Biergarten also! Der Besitzer kommt aus Bayern und ist eine urige Type. Oskar Sporrer ist bekannt für seinen direkten Ton: Wer seinen Hund nicht an die Leine nimmt oder sein Fahrrad rumstehen lässt, riskiert schon mal, auf bayrisch angeschnauzt zu werden. Aber lassen Sie sich von irgendwelchen Einträgen im Internet nicht abschrecken. Die Elbkate ist ein rustikaler Biergarten mit gutbürgerlicher deutscher Küche. Von der Wurst (2,50 €) bis zum frischen Fisch (15,50 €) wird man hier gut versorgt.

In der Elbkate geht es zünftig zu: Der Besitzer kommt aus Bayern.

Tipp

Nach dem Besuch der Elbkate können Sie sich überlegen, ob Sie elbabwärts in Richtung Teufelsbrück laufen, um vielleicht noch das Jenisch Haus im gleichnamigen Park zu besuchen. Der Weg führt zwei Kilometer an der Elbe, am Hans-Leip-Ufer entlang. Der Park wurde Ende des 18. Jahrhundert angelegt und ist 43 Hektar groß. Er besticht nicht nur durch seinen alten Baumbestand, sondern auch durch seine hügelige Landschaft, durch die sogar ein Bach fließt. Das Ernst Barlach Haus zeigt seit 1962 zahlreiche Werke des expressionistischen Bildhauers und Zeichners (www.barlach-haus.de).

Der riesige Findling ist heute beliebter Treffpunkt für Kletterer.

3 Die Strandperle

Der Biergarten mit Geschichte

Schon 1912 war dieses legendäre Gasthaus bei allen Schichten Hamburgs beliebt. Im Sand an der Elbe vergnügen sich heute Kinder und Hunde gleichermaßen.

120 €€€

Fassbiere
Astra, Carlsberg, Duckstein Weizen
Flaschenbiere
Astra, Carlsberg, Erdinger Hefeweizen, Holsten alkoholfrei
Öffnungszeiten
Ab 1. April: Mo–Fr: 10–23 Uhr/ Sa–So: 9–23 Uhr
Ab 15. Oktober: Mo–Fr: ab 11 Uhr/ Sa–So: ab 10 Uhr
Vorausgesetzt, die Elbe lässt es zu …
Hunde
Erlaubt.

Anfahrt
Mit dem Auto parkt man am besten an der Elbchaussee oder in einer der umliegenden Seitenstraßen und geht dann runter an die Elbe. Achtung: Der Schulberg ist sehr steil! Ab Hauptbahnhof mit der S3 bis Landungsbrücken und von da mit dem Bus 112 bis zur Haltestelle Neumühlen/Oevelgönne. Von da aus an den Kapitänshäusern oder direkt am Strand entlang.
Adresse
Strandperle
Oevelgönne 60
22605 Hamburg
040/8801112
www.strandperle-hamburg.de

Irgendwo habe ich gelesen, der Biergarten sei »die bayrische Version des Kommunismus. Alle da: Banker, Broker, Hausfrau, Studenten, Rentner«. Wenn das stimmt, dann ist die Strandperle die hamburgische Version …

Und nicht nur das: Die Strandperle ist eine Institution der Hansestadt. Um 1912 stand hier die Altonaer Milchhalle, die damals ein beliebtes Ausflugsziel war. Während des Zweiten Weltkriegs musste sie geschlossen werden, aber 1949 wurde sie von Max Lührs neu eröffnet. 1973 übernahmen Bernt und Elke Seyfert das Lokal – die Strandperle war geboren. 2007 gingen die beiden in den wohlverdienten Ruhestand. Seither hat sich einiges verändert, aber die lässige Stimmung ist geblieben. An kaum einem anderen Ort in Hamburg verstehen sich Eltern und Hundebesitzer so gut wie hier: Die Lütten und die Hunde buddeln einträchtig nebeneinander im Sand. Hin und wieder muss eben eine neue Bockwurst oder Frikadelle gekauft werden, die einem der vierbeinigen Diebe zum Opfer gefallen ist. Wenn einer der großen Pötte vorbeifährt, sollte man allerdings darauf achten, dass Kinder und Hunde nicht weggespült werden. Die Containerriesen schlagen hohe Wellen. Neben Würstchen, Frikadellen und Fischbrötchen auf die Hand, kann man mittlerweile auch am Tisch bestellen und sich bedienen lassen. Frühstück

Eine Jahrzehnte alte Hamburger Institution: die Strandperle. Beliebter Treffpunkt für Jung und Alt und …

gibt es bis 12.30 Uhr – bei Wind und Wetter. Sie wissen ja: Fleecedecke! Die gibt es natürlich auch hier. Allerdings nutzt die nicht viel bei Hochwasser. Meist reichen dann auch keine Gummistiefel mehr und man muss seinen Besuch am Elbstrand leider verschieben.

Essen können Sie ab 2 € (Laugenbrezel) bis 13,50 € (Strandperlen-Burger).

Ab den St. Pauli Landungsbrücken fährt alle 15 Minuten die Linie 62 bis Finkenwerder, mit Halt am Anleger Museumshafen Oevelgönne, Neumühlen. Von dort sind es nur ein paar Minuten zu Fuß bis zur Strandperle.

… Hunde. Barney entspannt hier besonders gern.

Die Strandperlen-Crew freut sich auf Sie.

Tipp

Wer sich für Schiffe interessiert, möchte natürlich nicht verpassen, wie die Ozeanriesen im Hafen einlaufen: die Queen Mary 2, die Renaissance of the Seas oder die MSC Zoe, das größte Containerschiff der Welt. Für Shipspotter ist die Strandperle der beste Aussichtspunkt. Auf www.hafen-hamburg.de/Schiffe erfahren Sie tagesaktuell welche Containerschiffe in den nächsten Tagen den Hamburger Hafen anlaufen werden. Wer sich mehr für die Kreuzfahrtriesen interessiert, schaut einfach unter www.hamburgcruisecenter.eu

In der Küche werden Köstlichkeiten gezaubert.

4 Ahoi Strandkiosk

Im Liegestuhl an der Elbe

Der ehemalige Eiskeller hat sich zu einer angesagten Location mit Selbstbedienung entwickelt. Mit ausgeliehenem Sandspielzeug können sich die Kleinen die Zeit versüßen, während die Großen ihr Bier in Liegestühlen genießen.

80 €

Fassbiere
Astra, Franziskaner Weißbier

Flaschenbiere
Astra Knolle, Beck's, Beck's Gold, Beck's Green Lemon, Beck's Blue, Jever, Rothaus Tannenzäpfle, Augustiner Lager Hell, Franziskaner Weißbier, Franziskaner Weißbier Alkoholfrei

Öffnungszeiten
April–Okt.: tägl. von 8–23 Uhr
Nov–März: tägl. von 8–17 Uhr
Vorausgesetzt, die Elbe lässt es zu …

Hunde
Erlaubt.

Anfahrt
Mit dem Auto parkt man am besten an der Elbchaussee oder in einer der umliegenden Seitenstraßen und geht dann runter an die Elbe. Achtung: der Schulberg ist sehr steil!
Ab Hauptbahnhof mit der S3 bis Landungsbrücken und dann mit dem Bus 112 bis zur Haltestelle Neumühlen/Oevelgönne. Von da aus an den Kapitänshäusern oder direkt am Strand entlang.

Adresse
Ahoi Strandkiosk
Oevelgönne 57
22605 Hamburg
040/88156806
www.strandkiosk-hamburg.de

Es ist schon mutig, direkt neben der legendären Strandperle einen Strandkiosk zu eröffnen. Aber dem Team um Fatmir Rusani ist das Unterfangen gut gelungen. Aus einem ehemaligen Eiskeller haben sie eine coole Location gemacht. Um 1900 ließ der Eigentümer des darüber liegenden Kapitänshauses das bunkerähnliche Gebäude bauen, um darin die Hochzeit seiner Tochter zu feiern. Später wurde es zum Eiskeller umfunktioniert. Das Eis der Elbe diente zur Kühlung der dort gelagerten Fische. Bis in die 2000er-Jahre beherbergte das Gebäude die unterschiedlichsten Gewerke: Tischler, Bootsbauer und Segelmacher. 2008 begannen die Umbau- und Renovierungsarbeiten, und Mitte 2010 eröffnete der Strandkiosk. Viele Stammgäste sagen, dass der Strandkiosk so ist, wie die Strandperle früher: Selbstbedienung, Gerichte für den kleinen Hunger auf die Hand und ein genialer Platz am Elbstrand mit Blick auf große Pötte und den Hafen. Und wenn ich über die Strandperle geschrieben habe, dass sich dort Eltern und Hundebesitzer bestens verstehen, gilt das selbstverständlich auch für den Strandkiosk. Was die Würstchen betrifft, ziehen Hunde allerdings eindeutig den Strandkiosk vor. Denn wenn es

Relaxt im Liegestuhl – das ist das Biergartenfeeling an der Elbe. Der Ahoi Strandkiosk hat sich in wenigen Jahren zu einer beliebten Location entwickelt.

Tipp

Nachdem Sie Ihr Bier genossen haben, sollten Sie einen Blick auf die Schiffe im Museumshafen Oevelgönne in Neumühlen werfen. Am Strand entlang oder auf dem höher gelegenen Fußweg erreichen Sie den Hafen in östlicher Richtung nach wenigen Minuten. Mehr als zwanzig aufwändig restaurierte historische Schiffe haben hier ihren Liegeplatz. Die Mitglieder des privaten Vereins legen Wert darauf, dass es sich nicht um ein »Schiffsmausoleum« handelt, sondern um einen lebendigen Hafen mit »funktionstüchtigen, segelnden und dampfenden historischen Wasserfahrzeugen«. Das heißt zwar, dass nicht immer alle Schiffe im Hafen liegen, aber auch, dass man jederzeit unterschiedliche maritime Schmuckstücke bewundern kann (www.museumshafen-oevelgoenne.de).

der Mensch erlaubt, bekommt Hund eine Wiener vom Vortag. Für die Lütten kann man sich Sandspielzeug leihen – also auch hier Wohlbefinden auf der ganzen Linie. Fleecedecken gibt es natürlich auch; aber das Beste ist, dass Sie sich warm eingemummelt in Liegestühle fläzen können. Für die Gehfaulen unter Ihnen steht praktischerweise oft ein Außentresen auf dem Strand, an dem es sommers Eiswannen mit kühlen Getränken und winters Töpfe mit Glühwein und heißer Schokolade gibt. Die Karotten-Ingwer-Orangen-Suppe (4,50 €) und die Steinofenpizza (6 € oder 7 €) sind übrigens selbst gemacht. Unbedingt probieren! Den Hot Dog (2,50 €) kann man sich selbst belegen und Kuchen gibt es ab 2,40 €.

Im Museumshafen liegen bis zu 25 Segelschiffe, Maschinenfahrzeuge bzw. Kräne. Links das Zollboot PRÄSIDENT SCHÄFER daneben der zweimastige Ewer ANNA.

Strandkiosk
ahoi
Hausgemachte Steinofenpizza
Auch To Go!
fritz-kola
fritz-kola

5 StrandPauli

Der Beach Club an der Hafenstraße

Auf Sofas und Liegestühlen stellt sich zwar nicht das traditionelle Biergartenfeeling ein, gemütlich Biertrinken lässt es sich hier dennoch. Dabei genießt man den Blick auf das Treiben im Hafen.

400 €€€

Fassbiere
Carlsberg, Duckstein Original
Flaschenbiere
Astra, König Ludwig Hefe Weizen
Öffnungszeiten
April–Okt: Mo–Do: 11–23 Uhr; Fr/ Sa: 11–24 Uhr; So: 10–23 Uhr
Nov–März: Do/ Fr: 18–24 Uhr; Sa: 11–24 Uhr; So: 10 Uhr–open end

Hunde
Nicht erlaubt.
Anfahrt
Ab Hauptbahnhof mit der S1 oder S3 bis zu den Landungsbrücken. Dann sind es nur noch wenige Minuten zu Fuß. Direkt am StrandPauli gibt es einen Parkplatz – für 4,50 €/Tag.
Adresse
StrandPauli
Hafenstr. 89
20359 Hamburg
Tel: 040/226 131 05
www.strandpauli.de

Es ist so: Mehr maritimes Hamburg geht nicht. Die Reeperbahn im Rücken und die Docks von Blohm+Voss vor Augen. Wenn Sie gern Schiffe gucken und dem Treiben im Hafen zusehen, sind Sie hier absolut richtig. Biergarten? Nein, so richtiges Biergartenfeeling will hier nicht aufkommen: keine Kastanien, keine Holztische, kein Bier im Maßkrug. Die Hamburger Spielart des Biergartens ist der Beach Club. Und im StrandPauli geht es ausgesprochen cool zu. Lässige Sofas und Liegestühle, auf denen man sich mit einem gut gekühlten Bier lümmeln kann. Für die Lütten gibt es eine Spielecke und natürlich … viel Sand. Da der Beach Club ein geschlossenes Gelände ist, muss man keine Angst haben, dass sie verloren gehen. Hunde sind leider nicht erlaubt – der Sand würde wohl zu unerfreulichen Hinterlassenschaften führen. Auch kulinarisch ist man im StrandPauli gut aufgehoben. Die selbst gemachten Burger (ab 7,50 €) sind ein Gedicht und das sonntägliche Frühstück (11–14 Uhr, ab 14,50 €) lässt keine Wünsche offen. Seit November 2015 gibt es den Winter StrandPauli. Bis März wird unter anderem Fondue (ab 19,90 €) serviert und man isst und chillt in beheizten Bereichen.

Für einen Sundowner made in Hamburg ist StrandPauli also immer eine gute Adresse. Parkplätze sind rar, aber die beiden im Parkplatzhäuschen sind richtig nett und finden irgendwie immer noch einen freien Platz.

StrandPauli lebt von seiner Nähe zum Hafen und der Werft Blohm+Voss. Das ist Hamburg pur.

Im Hintergrund: Häuser der legendären Hafenstraße.

Die Hamburger Variante des Biergartens: der Beach Club.

Tipp

Nur wenige Meter von StrandPauli entfernt, können Sie ein besonderes Bauwerk der Hamburger Geschichte besichtigen: den St. Pauli Elbtunnel oder auch einfach alter Elbtunnel genannt. 1911 eröffnet, war er eine technische Sensation. Heute sind vor allem Kinder begeistert, wenn man im Auto in einem der vier Fahrkörbe hinuntergefahren wird. In etwa 24 Metern Tiefe führt der Tunnel 426,5 Meter unter der Elbe entlang, durch zwei gekachelte Röhren. Bis 2019 werden die Röhren renoviert, daher gelten für Pkw die folgenden Fahrtzeiten: Mo–Fr 8–13 Uhr, von St. Pauli nach Steinwerder;
Mo–Fr 13–18 Uhr, von Steinwerder nach St. Pauli. Fußgänger und Radfahrer können den Tunnel jederzeit kostenfrei nutzen. Nähere Infos unter: www.hamburg-port-authority.de

Ein Erlebnis der besonderen Art: ein Spaziergang durch den alten Elbtunnel.

6 Altes Mädchen

Das stylische Braugasthaus im Schanzenviertel

Mit über 60 Biersorten und Essen aus Bioprodukten der Region wird hier die Kategorie Biergarten neu interpretiert – Kastanien und Holzbänke bleiben aber erhalten. Für Biertrinker, die ihr Lieblingsgetränk einmal anders kennenlernen wollen, bietet sich die perfekte Gelegenheit, den eigenen Geschmackshorizont zu erweitern.

45 €€€

Fassbiere
Mehr als 12 verschiedene Sorten
u.a. Helles, Porter, Stout, Lambic, Gose, Ale, Bitter, Alkoholfreies

Flaschenbiere
Mehr als 50 verschiedene Sorten
u.a. Pilsener, Zwickel, Lager, Rotbier, Weißbier, Pale Ale, IPA

Öffnungszeiten
April–Okt: Mo–Do: 11–23 Uhr; Fr/Sa: 11–24 Uhr; So: 10–23 Uhr
Nov–März: Do/Fr: 18–24 Uhr; Sa: 11–24 Uhr; So: 10 Uhr–open end

Hunde
Erlaubt.

Anfahrt
Ab Hauptbahnhof mit der S1 oder S3 bis zur Haltestelle Sternschanze. Dann sind es nur noch wenige Minuten zu Fuß.

Adresse
Altes Mädchen
Lagerstraße 28b
20357 Hamburg
040/8000 777 50
www.altes-maedchen.com

»Hamburg, altes Mädchen« – Diesem Lied von Freddy Quinn verdankt das Brauhaus seinen Namen. Das Alte Mädchen wohnt im Schanzenviertel, von den Hamburgern liebevoll »Schanze« genannt, in ehemaligen Viehhallen. Noch bis in die 1950er-Jahre wurden hier Kälber und Schweine gehandelt und verladen. Nach umfangreichen Renovierungs- und Umbauarbeiten eröffnete 2012 die Ratsherrn Brauerei und ein Jahr später zog das Alte Mädchen ein. Im Innenhof, unter Kastanien (!), sitzt man auf Holzbänken aus Europaletten, die deutlich bequemer sind, als sie aussehen. Bier und Essen gibt es am Tresen. Der eine oder andere kommt bei der Bestellung schon mal ins Schleudern, denn die Auswahl von mehr als 50 Flaschen- und über zwölf Fassbieren ist eine Herausforderung. Aber eine genussvolle. Das gilt auch fürs Essen: die Zutaten für »Happen«, »Stullen« und das »Abendbrot« kommen aus der Region. Das Brot wird vor Ort selbst gebacken, und das Fleisch stammt größtenteils vom LandWert Hof Stahlbrode in Mecklenburg Vorpommern. Eine weitere Besonderheit: Die Karte gibt Empfehlungen, welches Bier am besten zu welchem Essen passt. Ein Service, den es sonst meist nur für Weintrinker gibt.

Der Biergarten der Ratsherrn Brauerei liegt im ehemaligen Schlachthofviertel. Heute sitzt man, mit Blick auf die Sudkessel, auf lässigen Holzbänken. Die Kräuter für die Küche werden im Innenhof selbst gezogen.

Info

Wenn Sie ins Alte Mädchen wollen, sind Sie schon mittendrin – in der Schanze. Das urige Multikulti-Szeneviertel ist leider auch von Gentrifizierung betroffen, hat sich aber (noch) seinen Charme bewahrt. Hier gibt es Plattenläden, flippige und feine Boutiquen, Dönerläden und Gemüsehändler, die samstags bis in die Puppen geöffnet haben. Wahrzeichen des Stadtteils ist der etwa 60 Meter hohe Wasserturm im Schanzenpark, der 2007 zum Hotel umgebaut wurde. Das andere Wahrzeichen ist die Rote Flora, ein Autonomes Zentrum, das seit den 1980er-Jahren besetzt ist.

Kinder sind willkommen; saisonal gibt es sogar einzelne Veranstaltungen für die Lütten. Die sogenannte »Spielburg« ist dann aber doch etwas wenig attraktiv. Hunde darf man auch mitbringen. Ich fürchte jedoch, sie werden unter dem Tisch warten müssen, bis Frauchen und Herrchen sich durch die Bierkarte getrunken haben. Die Erwachsenen kommen im Alten Mädchen dafür voll auf ihre Kosten. Nicht nur die Bierauswahl ist enorm und köstlich, auch das Essen lässt die Herzen höher schlagen – ob nun »Hackepeter« für 6,50 € oder eine ganze Ente für Zwei (43 €). Parkplätze sind, wie überall in Hamburg, nicht immer leicht zu finden. Aber nach zwei Runden um den Block wird man meist direkt vor der Tür oder ein paar Minuten entfernt, z. B. beim U- und S-Bahnhof »Sternschanze«, fündig.

RATSHERRN
RATSHERRN
RATSHERRN
RATSHERRN
ALTES MÄDCHEN

7 Bodo's Bootssteg

Das Café auf dem Wasser

Das Café mit angeschlossenem Bootsverleih ist ein beliebter Treffpunkt an der Alster. Auf dem Bootssteg über dem Wasser mit den vorbeiziehenden Segel- und Tretbooten schmeckt das Bier gleich doppelt so gut.

110 €€€

Fassbiere
Bitburger, Hacker-Pschorr Hefeweizen dunkel, Paulaner Alkoholfrei, Bitburger Alkoholfrei

Flaschenbiere
Hacker-Pschorr, Münchner Hell, Hacker-Pschorr Hefeweizen Hell

Öffnungszeiten
März–Oktober: Mo–Sa: 11–open end; So/feiertags: 10 Uhr–open end

Hunde
Erlaubt; angeleint.

Anfahrt
An der Haltestelle Hauptbahnhof/ Mönckebergstraße steigen Sie in den Bus 109 (Richtung Alsterdorf) und fahren bis zur Haltestelle Böttgerstraße. Dann sind es noch etwa 10 Minuten Fußweg. Wer gern spazieren geht, kann auch zu Fuß, z.B. vom Jungfernstieg aus, etwa zwei Kilometer an Binnen- und Außenalster entlanglaufen.

Adresse
Bodo's Bootssteg
Harvesterhuder Weg 1
20148 Hamburg
040/440654
www.bodosbootssteg.de

Info

Bodo's Bootssteg liegt direkt am Fähranleger Alte Rabenstraße. Von hier aus können Sie stündlich mit den Schiffen der Alstertouristik zu einer Rundfahrt auf der Alster starten und an jedem beliebigen Anleger aus- oder einsteigen. Vom Jungfernstieg erreichen Sie Bodo's Bootssteg schon in 15 Minuten. Nähere Infos und Buchungsmöglichkeit unter: www.alstertouristik.de/klassiker/alsterkreuzfahrt

Und noch eine Hamburger Institution: Bodo's Bootssteg am Fähranleger Alte Rabenstraße. Das Kleinod an der Alster feiert 2016 sein 60-jähriges Bestehen. Der Steg ist fest in Familienhand: Um den Bootsverleih kümmert sich Bodo Windeknecht, das Café leitet seine Schwiegertochter Gunda.

1957 ließ Bodo Windeknecht als Bootsjunge bei Walter Rabitz die ersten Tretboote zu Wasser: »Bella« und »Bimba«. Die gibt es heute natürlich nicht mehr, aber dafür neue Tret-, Ruder- und Segelboote. Sie sollten allerdings definitiv segeln können, wenn Sie sich hier ein Boot leihen, denn die Fallwinde auf der Alster sind nicht zu unterschätzen. Es ist schon

Hamburger zieht es meist ans Wasser. Der Treffpunkt an der Alster, seit 60 Jahren: Bodo's Bootssteg. Wer vor dem Bier noch eine Paddeltour machen möchte, kein Problem – direkt am Biergarten verleiht Bodo seine Boote.

viele Jahre her, aber ich kann aus persönlicher Erfahrung bestätigen, dass ein unfreiwilliges Bad in der Alster nicht der Hit ist – auch wenn man von Bodo gerettet wird …
1978 übernahm Bodo den Steg, 1981 wurden die Pfähle erneuert. Die 40 Pfähle aus Bongossi-Hartholz, die Bodo eigenhändig in den Grund der Alster gerammt hat, halten jeder Witterung stand. Stand gehalten hat das legendäre Café im November 2013 leider nicht. Damals verübten Unbekannte einen Brandanschlag auf den Familienbetrieb. Aber wenn man die Windeknechts kennt, weiß man, dass sie letztlich nichts erschüttert. Sie haben ihren Bootssteg und das Café wieder aufgebaut und begrüßen von Ende März bis zum Herbst ihre Gäste. Ob Sie nun im Café unter weißen Sonnenschirmen sitzen und Roastbeef mit Bratkartoffeln essen (ca. 14,80 €) oder Ihr Bier auf dem Bootssteg im Liegestuhl trinken – genießen Sie einfach die himmlische Ruhe: Auf Bodo's Bootssteg herrscht striktes Handyverbot! Der eine oder andere mag sich zunächst wundern oder vielleicht auch ärgern, aber spätestens nach einer Viertelstunde stellt sich dieses entspannte Gefühl ein: wie Urlaub! Blaues Wasser, das Plätschern der Wellen, majestätische Schwäne und weiße Segel ziehen vorüber. Wen wundert es da, dass sich bei Bodo halb Hamburg trifft. Da aber nicht alle auf einmal kommen, ist für Sie auch noch Platz. Wer gern auf Promijagd geht, ist hier ebenfalls gut aufgehoben. Bodo's Bootssteg war schon Kulisse in diversen Film- und Fernsehproduktionen und die Schauspieler kommen gern wieder.

Wer nicht selbst paddeln oder treten möchte, gönnt sich eine Fahrt mit dem historischen Alsterdampfer »St. Georg«.

PAULANER
PAULANER
PAULANER
PAULANER
PAULANER
PAULANER

8 AlsterCliff

Szenelokal an der Alster

Am Fährdamm gelegen lädt der Steg zum kühlen Biergenuss am Feierabend ein. Wer etwas Abwechslung nach all dem Biergenuss braucht, ist hier bei Bistroküche und Cocktails gut aufgehoben.

80 €€€

Fassbiere
Carlsberg, Erdinger Hefeweizen, Duckstein
Flaschenbiere
Carlsberg, Holsten Premium, Holsten Alkoholfrei, Erdinger Alkoholfrei, Vitamalz
Öffnungszeiten
Ganzjährig. Täglich von 10–24 Uhr.
Hunde
Erlaubt.
Anfahrt
An der Haltestelle Hauptbahnhof/ Mönckebergstraße steigen Sie in den Bus 109 (Richtung Alsterdorf) und fahren bis zur Haltestelle Alsterchaussee. Dann sind es nur noch etwa fünf Minuten Fußweg. Wer gern spazieren geht, kann auch zu Fuß, z.B. vom Jungfernstieg aus, etwa drei Kilometer an Binnen- und Außenalster entlanglaufen.
Adresse
AlsterCliff
Fährdamm 13
20148 Hamburg
040/442719
www.alster-cliff.de

Das AlsterCliff besticht durch seine große Terrasse und den Bootssteg.

Die Alster ist Hamburgs blaue Mitte. Der Rundweg um die Außenalster ist 7,4 Kilometer lang und unbestritten die beliebteste Laufstrecke der Hansestadt. Hier heißt es Sehen und Gesehen werden – egal, ob beim Joggen, Hundespaziergang oder Chillen im Cliff.
Das Cliff liegt am Anleger Fährdamm und direkt gegenüber einer großen Freilaufwiese für Hunde. Hier treffen sich täglich nach Feierabend die Hundebesitzer mit ihren Vierbeinern und nehmen anschließend ein kühles Blondes auf dem Steg des Cliffs. Als after work location ist das Cliff unschlagbar: kaum Parkplatzprobleme, viel Platz und wieder mal ein grandioser Blick. Da es Anlegeplätze gibt, leihen Sie sich doch bei einer

Ein unvergessliches Vergnügen: Paddeln auf der Alster.

der zahlreichen Bootsvermietungen ein Kanu und paddeln entspannt zum Cliff. Zur Abkühlung gibt es ein schönes kaltes Weizen vom Fass, und die Pizza ist wirklich lecker. Eine Stärkung werden Sie für den Rückweg gut gebrauchen können. Wenn Sie es zum Bier ein bisschen szenig und schick mögen, dann sind Sie im Cliff genau richtig.

Info

Es gibt diverse Bootsvermietungen an der Außenalster und ihren Seitenarmen. Zum Beispiel am Café Isekai, Isekai Ö13/Ecke Heilwigstraße (www.cafe-isekai.de). Hier können Sie sowohl Tretboote als auch Kanus leihen. Einen Paddelkurs in Bildern finden Sie auf der Webseite. Die Bootsvermietung Dornheim bietet eine umfangreiche Flotte: Kajaks, Alsterkanus, Hamburger Kanus, Elbkanus, Ruderboote, die Tretboote »Schwan«, »Sonne« und »Flamingo«, Drachenkanus und das Mannschaftsboot »Barmbeker Wasserbüffel«. Kaemmererufer 25, www.bootsvermietung-dornheim.de.

9 Alte Mühle

Raus aus dem Großstadttrubel

Idyllisch am Mühlteich gelegen genießt man hier unter Kastanien gutbürgerliche Küche und Kellerbier. Dieses urige Restaurant in den ländlichen Ausläufern Hamburgs bietet eine heimelige Atmosphäre, die den längeren Weg dorthin absolut belohnt.

120 € € €

Fassbiere
Bitburger, Erdinger Weißbier, Köstritzer Kellerbier

Flaschenbiere
Erdinger Alkoholfrei, Bitburger Alkoholfrei

Öffnungszeiten
Montag und Dienstag Ruhetag. Mittwoch und Donnerstag ab 15 Uhr. Freitag, Samstag, Sonntag ab 12 Uhr. Küchenschluss: 21 Uhr.

Hunde
Erlaubt.

Anfahrt
Vom Hauptbahnhof fahren Sie mit der S11 in Richtung Hamburg-Poppenbüttel. In Poppenbüttel steigen Sie um in den Bus Richtung Mellingburgredder und fahren bis Mellingburgredder. Von dort sind es nur noch ein paar Minuten zu Fuß.

Adresse
Alte Mühle
Alte Mühle 34
22395 Hamburg
040/6049171
www.alte-muehle-hamburg.de

Wenn man dem Alsterlauf bis in den Nordosten der Hansestadt folgt, erreicht man nach geraumer Zeit die Mündung der Saselbek, die den Nordosten der Stadt durchfließt. An der Alten Mühle mündet der Bach in die Alster.

Hier draußen, weitab vom Stress der Elbmetropole, gibt es einen wunderschönen Biergarten – idyllisch gelegen, direkt am Mühlenteich. Die Mühle existiert seit dem 16. Jahrhundert, wurde im Dreißigjährigen Krieg als Pulvermühle genutzt, später als Stampfmühle für Münzen und ab 1695 als Kornmühle. Das heutige Gebäude wurde 1880 gebaut. In den 1920er-Jahren wurde das Wasserrad durch eine Turbine ersetzt, die sich noch heute in den Kellergewölben befindet. Mittlerweile ist sie repariert und produziert etwa 10.000 Kilowatt Strom im Jahr.

Wer zum ersten Mal in die Alte Mühle nach Bredstedt kommt, reibt sich verwundert die Augen und fragt sich, ob er überhaupt noch in Hamburg ist. Aber sicher! Die Hansestadt hat viele Gesichter. Der Kies knirscht unter den Füßen, große Kastanien spenden Schatten und die klassischen Holzgarnituren bieten Platz für etwa 120 Personen. Bei einem Kellerbier vom Fass wartet man entspannt auf das Essen, das immer frisch zubereitet auf den Tisch kommt – das schmeckt man.

Blick auf den Teich der Alten Mühle.

Auch das ist Hamburg. Abseits vom Lärm der Metropole, an einem Mühlteich, sitzt man im Biergarten und hört – nichts.

Tipp

Wenn Sie sich länger Zeit für den Hamburger Norden nehmen möchten, lohnt sich ein Besuch der Bergstedter Kirche. Sie ist eine der ältesten Kirchen im Raum Hamburg und besticht durch ihren bäuerlich anmutenden Innenraum. Oder Sie machen einen Abstecher ins nahe gelegene Naturschutzgebiet Hainesch-Iland. Mit viel Glück können Sie Eisvögel beobachten. Der seltene Vogel, der für seine Jungen tiefe Höhlen in die steilen Hänge am Bachlauf gräbt, brütet hier.

Die Bratkartoffeln sollten Sie sich auf keinen Fall entgehen lassen! Die Preise sind gehoben (Roastbeef mit Bratkartoffeln und kleinem Salat 17,50 €), aber das kann man akzeptieren, denn das Preis-Leistungsverhältnis stimmt. Um zu diesem Geheimtipp zu kommen, benötigen Sie von der Innenstadt ungefähr eine Stunde mit öffentlichen Verkehrsmitteln. Gönnen Sie sich die »Stadtrundfahrt« und genießen Sie die Ruhe am Mühlenteich.

10 Der Eichenkrug

Kulinarische Genüsse unter Reet

Im alten Fachwerkhaus genießen Sie fernab der Großstadt Ruhe und eine gute Küche. Der idyllische Biergarten ermöglicht eine entspannende Auszeit unter Kastanienbäumen.

120 €€€

Fassbiere
Lübzer, Moravia, Ducksteiner, Herrenbräu Weißbier
Flaschenbiere
Lübzer Alkoholfrei, Herrenbräu dunkel, Herrenbräu Alkoholfrei
Öffnungszeiten
Montag–Sonntag, 12–22 Uhr
Hunde
Erlaubt.

Anreise
Ab Hauptbahnhof Süd fährt alle zehn Minuten die U1 in Richtung Ohlstedt. Sie steigen in Volksdorf aus, die Fahrt dauert etwa 30 Minuten, und sind dann in wenigen Minuten im Biergarten.
Adresse
Eichenkrug
Im Alten Dorfe 60
22359 Hamburg
040/603 87 81
www.eichenkrug-restaurant.de

Manchmal, aber wirklich nur manchmal, kapitulieren die Hamburger vor dem Wetter … Meist tun die Sonnenschirme des Eichenkrugs ihre Pflicht: vor der Sonne schützen.

Tipp

Ich gehe am liebsten auf dem Markt einkaufen; wo sonst lernt man eine Stadt und ihre Menschen am besten kennen. Wenn Sie also im Eichenkrug ein frisch gezapftes Bier genießen und gleichzeitig die Volksdorfer kennenlernen möchten, dann kommen Sie mittwochs oder samstags. Von 8 bis 13 Uhr ist dann Wochenmarkt: Eier, Butter, Käse, Milch. Fleisch und Wurst von artgerecht gehaltenen Tieren. Saisonales Gemüse und Obst aus den Vier- und Marschlanden, aber auch italienische Spezialitäten und vieles mehr. Wenn Sie den Gürtel enger oder weiter schnallen müssen, kommen Sie am Samstag, dann ist der Gürtelmacher Jürgen Witte da.

Wir bleiben im Hamburger Nordosten und fahren nach Volksdorf. Der Stadtteil ist bei jungen Familien sehr beliebt. Von der turbulenten Innenstadt ziehen sie ins Grüne, sozusagen aufs »Land«. Wie Bredstedt, gehört auch Volksdorf zu den sogenannten Walddörfern. Am Rande des historischen Stadtkerns, nicht weit vom Allhorndiek-Teich, in den die Saselbek fließt, liegt der Volksdorfer Biergarten Eichenkrug, einer der ältesten Biergärten Hamburgs. Das reetgedeckte Fachwerkhaus, eine alte Schulkate, liegt direkt neben dem Museumsdorf Volksdorf.

Den Biergarten dominieren alte Kastanien und große, gelbe Sonnenschirme. Das Restaurant gehört dem Sternekoch Michael Wollenberg, einst mit dem »Prix

de Poisson Bocuse« in Gold zum besten Fischkoch der Welt gekürt. Im Biergarten können Sie unter anderem Hamburger Klassiker wie Pannfisch mit Bratkartoffeln und Senfsauce (18 €), Sauerfleisch im Glas (13,50 €) oder Roastbeef, rosa gebraten (17 €) genießen. Dazu gibt es Lübzer oder Moravia vom Fass.

Einen Spielplatz für Kinder gibt es nicht. Daher **mein Tipp**: Besuchen Sie doch einfach das Volksdorfer Museumsdorf. Ältere Kinder können sicher auch allein nach nebenan gehen und sich anschauen, wie das Leben auf einem Bauernhof im 19. Jahrhundert aussah. Während der Öffnungszeiten ist das Gelände frei zugänglich. Lediglich für Führungen wird ein Unkostenbeitrag erhoben (Erwachsene 4 €, schulpflichtige Kinder 1 €). Der Bauernhof mit jeder Menge Tieren – Pferde, Hunde, Katze, Schweine, Ziegen, Schafe, Enten und Hühner – ist ein Erlebnis für jedes Stadtkind, während sich die Eltern im Biergarten entspannen.

11 Zweites Schach-Café

Geselligkeit im alten Bahnhof

Das restaurierte Bahnhofsgebäude mit Biergarten hat seinen ganz eigenen historischen Charme. Für die Hungrigen gibt es Hamburger Hausmannskost und für Fußballfans Liveübertragungen, bei denen alle Gäste gemeinsam mitfiebern.

200 €€

Fassbiere
Beck's, Franziskaner Hefeweizen, Hasseröder Granat

Flaschenbiere
Staropramen Granát, Beck's Alkoholfrei, Beck's Gold, Franziskaner Hefeweizen Alkoholfrei

Öffnungszeiten
Sonntag–Donnerstag, 8–2 Uhr; Freitag und Samstag, 8–4 Uhr

Hunde
Erlaubt.

Anfahrt
Ab Hauptbahnhof fahren Sie mit der S1 (Richtung Hamburg Poppenbüttel) oder der S11 (Richtung Hamburg-Ohlsdorf) bis zur Haltestelle Rübenkamp.

Adresse
Zweites Schach-Café
Rübenkamp 227
22307 Hamburg
040/ 631 04 31
www.schachcafe-hamburg.de

Zwischen Ohlsdorfer Friedhof und Stadtpark, in Barmbek-Nord, liegt der Biergarten des Schach-Cafés. Direkt im Bahnhofsgebäude des S-Bahnhofs Rübenkamp. Praktischer kann man es also gar nicht haben: raus aus der Bahn, rein in den Biergarten und irgendwann wieder mit der Bahn nach Hause. Irgendwann …, denn hier haben alle Sitzfleisch. Wen wundert es: Die Bedienung ist flott und immer freundlich und die Portionen reichlich. Saisonal wechselnde Gerichte wie Spargel oder Matjes lassen die Herzen aller Freunde von bester deutscher Hausmannskost höher schlagen. Sie haben die Qual der Wahl: Matjes klassisch mit Hausfrauensauce, Matjes mit Bohnen und Speckstippe oder als Tatar mit

Im Schach-Café treffen sie sich alle: die Professorin, der Beamte, Mütter mit Kindern und der Filialleiter der HASPA.

Kartoffelpuffern. Dazu ein frisch gezapftes Bier aus Prag. Staropramen Granát ist ein dunkles Lager mit würzig-frischen Malznoten, das man nicht häufig serviert bekommt. Unbedingt probieren. Die Preise auf der Speisekarten sind zivil und bewegen sich zwischen ca. 4 € und 24 €.

Wenn Sie Fußballfan sind, sollten Sie sich eine Liveübertragung im Schach-Café nicht entgehen lassen. Die Stimmung ist unvergleichlich. Hier treffen sich HSV-Fans und überhaupt alle, die sich für Tore, Abseits und Elfmeter begeistern. Einen Kinderspielplatz oder sonstige Belustigungen gibt es nicht. Aber das ein oder andere Kind ist ja auch Fußballfan.

Die Geschichte des Bahnhofsgebäudes ist zudem eine von Hamburger Bürgerengagement: Als die Bahn den 1913 eingeweihten Bahnhof in den 1980er-Jahren aufgeben und verkaufen will, gründet sich an der Fachhochschule in Hamburg eine Interessengruppe aus Architekten und Bauingenieuren, die sich für den Erhalt einsetzen. 1982 rufen sie den Verein Unser Bahnhof e.V. ins Leben und erwerben zwei Jahre später das Bahnhofsgebäude. Mit viel persönlichem Engagement, auch aus der Nachbarschaft, werden weitere zwei Jahre später der mit viel Liebe zum Detail restaurierte Bahnhof und das Schach-Café neu eröffnet. Im Obergeschoss, in der alten Wohnung des Bahnhofsvorstehers, sind Räumlichkeiten für Seminare, kulturelle Veranstaltungen oder private Feiern untergebracht, die man mieten kann. Mittlerweile steht das Gebäude unter Denkmalschutz. Und warum Zweites Schach-Café? Der Pächter, der die Gastronomie in den Achtzigerjahren

übernahm, hatte bereits ein Schach-Café. Ach ja, Schach spielen können Sie hier natürlich immer noch.

Info

In Hamburg einen Parkplatz zu finden, ist so eine Sache … Da fährt man gerne mal ein paar Kilometer um den Block und findet doch keinen Platz. Wenn Sie aber nicht mit Bus, S- oder U-Bahn fahren wollen, bleibt noch das StadtRAD. An 131, quer über das Stadtgebiet verteilten, Stationen können Sie Fahrräder mieten. Insgesamt stehen 1.650 Drahtesel zur Verfügung. Die erste Anmeldung können Sie entweder direkt an einem der Entleihterminals vornehmen, im Internet oder telefonisch beim Service Center. Die Handhabung ist einfach. Jede Fahrt kann natürlich unterbrochen werden, auch mehrmals. Die Rückgabe ist an jeder beliebigen Station möglich. stadtrad.hamburg.de; 040/82218810-0.

Mit dem StadtRAD kommen Sie überall hin.

12 Schumachers Biergarten

Der Party-Biergarten im Stadtpark

Für die Feierwütigen sind die Kultpartys eine willkommene Abwechslung vom traditionellen Biergartenerlebnis. Mit dem wunderbaren Blick auf den Stadtparksee kann man den Sonnenuntergang genießen und danach ordentlich Party machen.

reichlich €

Fassbiere
Maisel's Hefeweizen, Bayreuther Helles
Flaschenbiere
Maisel's Hefeweizen Alkoholfrei, Landbier Dunkel, Krombacher Alkoholfrei, San Miguel
Öffnungszeiten
Von März bis Oktober, täglich ab 12 Uhr
Hunde
Nicht erlaubt.

Anfahrt
Ab Hauptbahnhof Süd fahren Sie mit der U1 (Richtung Norderstedt Mitte) bis zur Haltestelle Kellinghuserstraße. Dort steigen Sie um in die U3 (Richtung Barmbek) und fahren bis zur Haltestelle Saarlandstraße. Dann sind es nur noch etwa fünf Minuten zu Fuß.
Adresse
Schumachers Biergarten
Südring 5b
22303 Hamburg
040/27806979
www.schumachers-biergarten.de

Was in New York der Central Park, ist in Hamburg der Stadtpark – die grüne Lunge der Stadt. In Schumachers Biergarten hat man einen fantastischen Blick über den Stadtparksee bis hin zum Turm des Planetariums. Und: Der Sonnenuntergang ist einfach unerreicht. Ab März ist der Biergarten geöffnet, und zu Ostern gibt es gleich eine große Osterparty. Apropos Party: Im Stadtpark Open Air, nur wenige Minuten vom Schumachers entfernt, finden seit mehr als 40 Jahren grandiose Konzerte statt. Rock, Pop, Jazz – hier haben schon viele internationale Größen das Mikro in die Hand genommen: Leonhard Cohen, Earth, Wind and Fire, Santana, Sting, Bob Dylan oder Herbert Grönemeyer. Die 4.000 Plätze im Rondell bieten beste Sicht auf die Künstler. Legendär sind die After Partys im Schumachers. Und die Kultparty »Love is in the air«, die jeden Freitag stattfindet und von der behauptet wird, der Flirtfaktor könne bis ins Unermessliche steigen. Sie sehen, in diesem Biergarten ist immer was los. Wer allerdings nicht so auf Remmidemmi steht, ist hier nicht ganz so gut aufgehoben. Dementsprechend sind Hunde nicht erlaubt, und einen Besuch mit Kindern würde ich eher am Nachmittag vorschlagen. Für Familien mit Kindern ist das Naturbad Stadtparksee zu empfehlen, das direkt neben dem Biergarten liegt. Für die ganz Lütten gibt es nicht nur einen

Das Schumachers ist bekannt für sagenhaften Sonnenuntergänge und Partys.

Flachwasserbereich, sondern sogar einen Sandstrand zum Spielen.
Die Preise in Schumachers Biergarten sind moderat. Von der Brezel für 2 € bis zu Kartoffelspalten mit Sour Cream für 4,50 €. Das Speiseangebot ist nicht sehr umfangreich, aber das Partyvolk kommt ja auch nicht zum Essen hierher. Die Parkplatzsituation ist in der Hochsaison eher schwierig. Daher am besten gleich mit öffentlichen Verkehrsmitteln oder dem Fahrrad kommen. Seinen Namen

verdankt der Biergarten übrigens dem Architekten und Stadtplaner Fritz Schumacher, der maßgeblich an der Planung des Stadtparks beteiligt war.

Tipp

Ob nun das Schumachers oder der Hamburger Biergarten ihr persönlicher Favorit ist, beide liegen im Stadtpark, der immer zu einem Spaziergang einlädt. Vielleicht mit dem Hund, der zwischen zwei Bierchen mal »vor die Tür« muss oder mit den Kurzen, für die der Stadtparkspielplatz im Sommer ein absolutes Highlight ist: großes Wasserbecken mit Rutsche und Sandstrand, Spielschiff, Tarzanschwinger und Doppelseilbahn. Zum 100. Jubiläum 2014 wurde der Spielplatz renoviert und erstrahlt jetzt in neuem Glanz. Wenn die Lütten sich ausgetobt haben, geht es zurück in einen der Biergärten.

13 Landhaus Walter – Hamburger Biergarten

Der größte Biergarten Norddeutschlands

Unter Linden können Sie die Seele baumeln lassen oder sich im Beach Club so richtig austoben. Für Musikfans ist dieser Biergarten ein Muss – jeden Sonntag gibt es hier Livemusik.

2.500 €€€

Fassbiere
Holsten, Erdinger Weißbier, Duckstein Original, Duckstein Opal, Carlsberg, Grimbergen, Paletti Angelo

Flaschenbiere
Maisel's Hefeweizen Alkoholfrei, Landbier Dunkel, Krombacher Alkoholfrei, San Miguel

Öffnungszeiten
Von März bis Oktober, täglich ab 12 Uhr

Hunde
Erlaubt.

Anfahrt
Ab Hauptbahnhof/Kirchenallee nehmen Sie den Bus 6 in Richtung U-Borgweg. Die U-Bahnstation Borgweg ist die Endhaltestelle, von dort sind es nur noch wenige Minuten zu Fuß zum Biergarten.

Adresse
Landhaus Walter
Otto-Wels-Str. 2
22303 Hamburg
040/275054
www.eventcenter-hamburg.de

Der Hamburger Biergarten gehört zu den echten Biergärten der Hansestadt. Bis in den Herbst zieht es viele Hamburger hierher in den Stadtpark.

Von Schumachers Biergarten bis zum Landhaus Walter bzw. zum Hamburger Biergarten sind es mit dem Fahrrad nur ein paar Minuten (etwa 1 km). Mit ungefähr 800 Quadratmetern ist er der größte Biergarten Norddeutschlands, in dem bis zu 5.000 Gäste Platz finden. Idyllisch von Linden umschlossen, kann man hier sein Bier trinken. Für Kinder gibt es einen Spielplatz, und der sogenannte »Beach Club«, der zum Biergarten gehört, bietet genügend Platz zum Buddeln und Burgen bauen. Fußballgucken kann man hier natürlich auch: Die Großleinwand steht

in einem aufschiebbaren Zelt, denn man weiß ja nie, wann mal wieder »Schietwetter« ist. Wer so gar nicht auf sein Handy verzichten kann, hat hier sogar freies W-Lan. Der Hamburger Biergarten ist zwar riesig, bietet aber durchaus eine gemütliche Atmosphäre. Die Menschen verteilen sich gut über das Gelände. Für den kleinen Hunger gibt es Riesenbrezeln (2,50 €), ein Paar Weißwürste mit süßem

Tipp

Nur ein paar hundert Meter vom Hamburger Biergarten entfernt, steht das Planetarium. Dort versprechen sie Ihnen den Himmel auf Erden – und das ist nicht gelogen. Bis Ende 2016 wird das Planetarium allerdings renoviert und ist daher geschlossen. Es werden aber regelmäßig »Sternenblicke live« angeboten; am Wasserbecken vor dem Planetarium. Wenn Sie also mal wirklich Sternchen sehen wollen, nichts wie hin. www.planetarium-hamburg.de

Senf (3 €), Flammkuchen (7 €) und einiges mehr. Von Mai bis September zieht es Musikfans vor allem am Sonntagvormittag hierher – zu den Frühschoppen-Konzerten. Das Beste: Der Eintritt ist frei. Wer wann spielt, steht im Netz. Ein großer Biergarten, der viel zu bieten hat.

Der Kinderspielplatz des Hamburger Biergartens.

14 Factory Hasselbrook

Der echte Biergarten

Der klassische Biergarten mit Bierbänken unter Kastanienbäumen bietet typische Hamburger Küche serviert zum hauseigenen Bier. In historischem Ambiente und der grünen Anlage kann man den Abend gemütlich ausklingen lassen.

300 €€€

Fassbiere
Factory hell, Factory dunkel, Holsten Pils, Duckstein Original

Flaschenbiere
Erdinger Weizen: hell, dunkel, kristall, alkoholfrei, Holsten alkoholfrei

Öffnungszeiten
Täglich ab 11:30 Uhr; außer bei ganz schlechtem Wetter

Hunde
Erlaubt.

Anfahrt
Ab Hauptbahnhof nehmen Sie die S1 in Richtung Poppenbüttel und fahren bis Hasselbrook.

Adresse
Factory Hasselbrook
Hasselbrook Str. 172
22089 Hamburg
040/ 205037
www.factory-hasselbrook.com

Die Hamburger können sehr pragmatisch sein. Wenn man einen Abend im Biergarten verbringen möchte, kann der Heimweg schon mal zum Problem werden. Wie praktisch, wenn der Biergarten dann direkt an einem Bahnhof liegt.

© JP Mohr

© JP Mohr
ERDINGER
WEISSBRÄU
Biergarten

So muss ein Biergarten sein: Kiesboden, Kastanien und Holztische. © JP Mohr

Wie das Schach-Café (siehe Seite 62–65), liegt auch die Factory Hasselbrook direkt an einem S-Bahnhof; Hasselbrook. Das burgähnliche Gebäude wurde 1907 dem Bahnverkehr übergeben und steht mittlerweile unter Denkmalschutz. Der Architekt war auch hier, wie beim Bahnhofsgebäude am Rübenkamp, Eugen Göbel. Diana Nußbaum und ihr Team sind stolz auf ihren Biergarten, der die Kriterien für einen richtigen Biergarten erfüllt: Kiesboden, Kastanien und Bierbänke. Sein Essen darf man sich allerdings nicht selbst mitbringen. Das will man auch gar nicht mehr, wenn man einmal den Factory Burger probiert hat. Kinder und Hunde sind willkommen, für erstere gibt es im gegenüberliegenden Park auch einen Spielplatz. Die Speisekarte bietet saisonal wechselnde

Gerichte, hält aber zudem die Hamburger Klassiker Sauerfleisch mit Bratkartoffeln (12,90 €) und Roastbeef mit Bratkartoffeln (13,90 €) bereit. Wer es eher vegetarisch liebt, kann sich auf diverse Salate freuen. Beim Bier sollte man unbedingt die hauseigenen Sorten Factory dunkel und Factory hell probieren, die eigens für den Biergarten gebraut werden. Der große Sonntagsbrunch (ab 15,50 €/Person) ist reichhaltig und entsprechend beliebt. Samstags gibt es eine „abgespeckte“ Version (9,90 €/Person). Schöner kann man ein Wochenende eigentlich nicht beginnen. Große Sonnenschirme halten den Hamburger Nieselregen ab, sodass man entspannt draußen sitzen kann. Gern auch zum Fußballgucken bei EM oder WM.

Machen Sie soch mal eine Biergartentour quer durch Hamburg! Sie nehmen einfach die S1: von Blankenese (Süllberg) über Hasselbrook (Factory), Barmbek (im Stadtpark: Schumachers Biergarten und Hamburger Biergarten) bis zum Rübenkamp (Schach-Café) …

Tipp

Hamburg ist bekannt als Shopping-Stadt. Mit S1 und U3 sind Sie in 15 Minuten von der Factory Hasselbrook in der »Hamburger Meile«, mit dem Auto in knapp fünf Minuten. Das große Shopping-Center bietet neben zahlreichen bekannten Modemarken, einer großen Buchhandlung und vielem mehr ein umfangreiches gastronomisches Angebot. Für Kinder zwischen drei und zwölf Jahren gibt es den »Kinderhafenclub«: Monatlich wechselnde Programme bieten jede Menge Abwechslung und Unterhaltung, während die Eltern in Ruhe shoppen gehen können (www.hamburger-meile.com).

15 Alsterperle

Lauschiges Plätzchen an der Alster

Mit einem einzigartigen Blick über die Alster genießt man hier Bier und Brezel unter dichten Bäumen. Hier kommen alle zusammen – und sich näher, denn der Platz ist begrenzt.

24

Fassbiere
Holsten Pils, Erdinger Hefeweizen

Flaschenbiere
Carlsberg, Erdinger Alkoholfrei, Holsten Alkoholfrei

Öffnungszeiten
Ganzjährig geöffnet. Täglich ab 8 Uhr; im Sommer open end, im Winter bis ca. 21 Uhr

Hunde
Erlaubt.

Anfahrt
Ab Hauptbahnhof (Ausgang Kirchenallee, auf der gegenüberliegenden Straßenseite) nehmen Sie den Bus Nr. 6 in Richtung U-Borgweg bis zur Haltestelle Mundsburger Brücke. Dann sind es, links in die Hartwicus Straße hinein, nur noch weinige Minuten Fußweg.

Adresse
Alsterperle
Eduard-Rhein-Ufer 1
22087 Hamburg
040/ 227 48 27 3
www.alsterperle.com

Ich will gar nicht erst versuchen, die Alsterperle neutral zu beschreiben. Die Perle, wie sie bei Stammgästen liebevoll heißt, war viele Jahre mein zweites Wohnzimmer. Morgens, nach der ersten Runde mit dem Hund, gab es hier einen Cappuccino und das Neueste aus dem Viertel und abends das Feierabend-Weizen mit Freunden und Nachbarn. Das ehemalige Klohäuschen wurde Ende der 1990er-Jahre umgebaut. Seitdem kann man hier sieben Tage in der Woche einen fantastischen Blick auf die Skyline der Hansestadt genießen. Und das bei Wind und Wetter, 365 Tage im Jahr. Fleecedecken gibt es hier natürlich auch, bei Schnee und Regen sind sie heiß begehrt. Im Sommer wird gegrillt, im Winter gibt es Grünkohl und das ganze Jahr hindurch Erbsensuppe (3,80 €), die wirklich wie bei Muttern schmeckt, und Chili con Carne (3,80 €). Die Brezeln (1,50 €) zum Weizen

Info

Die Tradition reicht ins Jahr 1968 zurück: Im Mai bedankt sich die japanische Gemeinde mit einem gigantischen Feuerwerk bei den Hamburgern für ihre Gastfreundschaft. Wie in Washington am Potomac, zieren in Hamburg hunderte Kirschbäume die Außenalster; Geschenke der Japaner aus den 1960er-Jahren. Das Kirschblütenfest zieht jedes Jahr Tausende an. Den besten Blick hat man natürlich vom Wasser aus, da das Feuerwerk von einem Ponton auf der Außenalster geschossen wird, aber die Boote sind weit im Voraus ausgebucht. Wer kein Boot sein Eigen nennt, hat von der Alsterperle einen fantastischen Blick. Infos zum Termin unter: www.hamburg.de

Tipp

Wenn Sie nicht nur ein gutes Bier, sondern auch Bücher lieben – eine gute Kombination im Übrigen –, sollten Sie die Buchhandlung Samtleben besuchen. Direkt gegenüber der Alsterperle, im Literaturhaus. Sie werden überrascht sein: Selbstverständlich bekommen Sie hier die bekannten Titel, die gerade auf der Bestsellerliste stehen, aber vor allem gibt es Außergewöhnliches abseits des literarischen Mainstreams zu entdecken. Wenn Sie noch nicht so genau wissen, was Sie als nächstes gern lesen möchten, können Sie sich von den leidenschaftlichen Buchhändlern erstklassig beraten lassen.
www.buchhandlung-samtleben.de

fehlen auch nicht, und wer es eher süß mag, kommt ebenfalls auf seine Kosten. Die Alsterperle ist sozusagen das Pendant zur Strandperle. Auch hier sind Mütter mit Kinderwagen genauso vertreten wie Hundebesitzer mit ihren Vierbeinern. Für Kinder gibt es zwar keinen richtigen Spielplatz, dafür aber eine Schaukel und jede Menge Platz zum Toben auf den Alsterwiesen. Nur im Sommer wird es dort eng, da sich die Sonnenanbeter auf den Wiesen aalen. Abends trifft sich an der Perle eine bunte Mischung aus Anzugträgern, Künstlertypen, Nerds und Familien, um den Feierabend zu genießen.

16 Veritas Beach

Der Beach Club im Harburger Binnenhafen

Hier entspannt man nicht auf Bierbänken, sondern auf Liegestühlen und mit Blick auf den Harburger Binnenhafen. Die Beachvolleyballfelder bieten den Gästen sportliche Abwechslung.

300 €

Fassbiere
Hasseröder
Flaschenbiere
Beck's, Beck's Gold, Beck's Ice, Beck's Green Lemon, Beck's Chilled Orange, Beck's Summer Holunder, Salitos Tequila Beer, Franziskaner Hefeweizen, Franziskaner Kristallklar
Alkoholfrei: Franziskaner Weizen, Beck's Blue, Beck's Green Lemon Zero
Öffnungszeiten
Frühjahr bis Ende September, täglich von 11:30 bis 23 Uhr; Sa und So bis 24 Uhr
Hunde
Nicht erlaubt.
Anfahrt
Ab Hauptbahnhof nehmen Sie entweder die S3 Richtung Buxtehude oder die S31 in Richtung Hamburg-Neugraben bis Harburg Rathaus. Hier steigen Sie in den Bus 142 (Hafen Harburg) oder 154 (Berliner Tor) und fahren bis Hannoversche Straße. Von hier aus sind es nur noch etwa sechs Minuten zu Fuß.
Mit dem Auto folgen Sie in der Innenstadt den Schildern Richtung Elbbrücken, überqueren diese, und bleiben auf der Autobahn (A255/A1) bis zur Ausfahrt Harburg. Jetzt sind Sie auf der Neuländer Straße, auf der Sie immer geradeaus fahren, bis Sie zur Kreuzung Neuländer Straße/Veritaskai/Treidelweg kommen; rechts in den Treidelweg einbiegen.
Adresse
Veritas Beach
Treidelweg
21079 Hamburg
040/ 79670 80
www.hornbachers.net

Von der Alster geht es wieder an die Elbe. Wir machen allerdings einen Sprung über den Fluss und begeben uns in den Süden Hamburgs, nach Harburg. Es ist ja schon interessant, in Städten, die an einem Fluss liegen, gibt es oft eine Seite, die angeblich gar nicht geht: da fährt man nicht hin, da will man nicht wohnen. Was in Köln die »schäl Sick«, die rechtsrheinische Seite, ist, das ist in Hamburg Harburg. In beiden Fällen völlig zu unrecht. Harburg, an der Süderelbe gelegen, hat sich in den vergangenen Jahren sehr verändert. Über Jahrzehnte bestimmten Hafen- und Lagerbauten den Stadtteil um die Schlossinsel und den Binnenhafen. Mittlerweile sind neben den Liegeplätzen für Hausboote moderne Wohn- und Bürogebäude entstanden. Und mittendrin: der Veritas Beach. Wie schon gesagt, die Hamburger Variante des klassischen Biergartens ist der Beach Club. Auch im Harburger Beach Club steht das Maritime im Mittelpunkt. Während man relaxt

alles wird afri

Tipp

„Leinen los!“ heißt das Motto des seit 2001 jährlich stattfindenden Harburger Binnenhafenfestes. Das maritime Familien-Event lockt im Juni Tausende in den Harburger Binnenhafen. Hafenrundfahrten mit historischen Schiffen, Live-Musik, ein umfangreiches Kinderprogramm, ein Kunsthandwerkermarkt und jede Menge Action auf dem Wasser erklären die hamburgweite Beliebtheit des Festes. Wer keine Höhenangst hat, sollte sich eine Fahrt mit dem Riesenrad nicht entgehen lassen. Der Blick über den Hafen und Harburg ist atemberaubend (www.harburger-binnenhafenfest.de).

Auch der Hamburger Süden hat so einiges zu bieten. Dass im Veritas Beach eine coole Stimmung herrscht, hat sich rumgesprochen und immer mehr Hamburger wagen den Sprung auf die andere Elbseite.

im Liegestuhl sein Bier genießt, öffnet sich immer wieder scheinbar lautlos die Schleuse und ein Schiff fährt ein oder verlässt den Hafen. Man kann im Harburger Binnenhafen aber nicht nur entspannen. Wer es sportlich mag, kann sich auf einem der beiden Beachvolleyballfelder austoben. Kastanien und Weißwürste sucht man zwar vergeblich, aber wenn Sie feinen Nordseesand und einen gepflegten Sundowner mögen, dann sollten Sie den Sprung über die Elbe wagen.

Die Speisekarte reicht von Brot mit Aioli (2 €) über Fish and Chips (7 €) bis zum Burger (8,90 €). Darüber hinaus kann man zwischen diversen Salaten wählen oder auch eine Schale frisches, mundgerecht geschnittenes Obst bekommen. Für Kinder ist der Club der reinste Abenteuerspielplatz, da er ihnen viel Freiraum lässt. Da das Wetter leider auch südlich der Elbe manchmal zu wünschen übrig lässt, gibt es mehrere überdachte Bereiche, die vor den Tücken des Hamburger Schietwetters schützen. Im Frühjahr 2016 zieht der Beach Club um – aber nur um die Ecke, an den Treidelweg. Der unverwechselbare Ausblick und alle anderen Annehmlichkeiten bleiben den Gästen erhalten.

17 Zollenspieker Fährhaus

Der südlichste Punkt Hamburgs

Mit der ruhigen Aussicht auf die Elbe genießt man hier wahrhaft historisches Ambiente des wohl ältesten Gebäudes Hamburgs. Schattige Kastanienbäume, Holztische und Fassbier laden zum Verweilen ein.

200 € €

Fassbiere
Beck's, Maisel's Hefeweizen
Flaschenbiere
Beck's, Maisel's Hefeweizen
Öffnungszeiten
In den Sommermonaten am Wochenende und an Feiertagen von 13 Uhr bis open end
Hunde
Erlaubt.
Anfahrt
Ab Hauptbahnhof (Ausgang Steintorwall) nehmen Sie den Bus 120 in Richtung Borghorst und steigen nach knapp einer Stunde an der Zollenspieker Fähre aus. Mit dem Auto fahren Sie zunächst von der Innenstadt Richtung Elbbrücken, biegen allerdings, ehe Sie die Brücken überqueren, links ab auf den Billhorner Röhrendamm,
fahren weiter auf dem Vierländer Damm und der Ausschläger Allee. Dann biegen Sie rechts ab auf den Brennerhof, der in den Hofschläger Weg übergeht. Dann links auf die Ochsenwerder Landstraße und der Straßenführung bis zum Zollenspieker Fährhaus folgen.
Adresse
Zollenspieker Fährhaus
Zollenspieker Hauptdeich 141
21037 Hamburg
040/793133-0
www.zollenspieker-faehrhaus.de

Wir wechseln wieder auf die andere Elbseite und fahren gut 30 Kilometer flussaufwärts durch die Vier- und Marschlande an den Zollenspieker Hauptdeich. Zollenspieker, ein Ortsteil von Kirchwerder, liegt am Flusskilometer 598 und ist der südlichste Punkt Hamburgs. Hier befindet sich auch das Naturschutzgebiet Kirchwerder Wiesen, das mit 856 Hektar das größte in Hamburg ist. Eine Vielzahl von Gräben durchzieht das Marschland, in dem mehr als 50 verschiedene Vogelarten heimisch sind. Was könnte es also Schöneres geben, als hier in einem Biergarten zu sitzen? In einem echten noch dazu! Lauschige Kastanien, an groben Holztischen ein zünftiges Bier vom Fass … Ja, so muss ein Biergarten sein. Das unter Denkmalschutz stehende Gebäude wurde ursprünglich als Zollturm gebaut und blickt auf eine mehr als 750-jährige Geschichte zurück und ist vermutlich, erstmals 1252 urkundlich erwähnt, das älteste Gebäude Hamburgs. Es diente als Fährhaus und war wohl schon immer auch Gasthaus. 1863, nachdem

der Zoll aufgehoben worden war, wurde ein Tanzsaal angebaut und seither gehört das Zollenspieker Fährhaus zu den beliebtesten Ausflugslokalen der Hansestadt. 2012 wurde es um ein Vier-Sterne-Hotel erweitert. Die Betreiber haben den schwierigen Spagat zwischen Tradition und Moderne gewagt und gut umgesetzt. Im urigen Biergarten genießt man einen einzigartigen Blick auf die Elbe, die hier so gar nichts mehr von der Betriebsamkeit einer viel befahrenen Schifffahrtsstraße hat, wie auf der Höhe zwischen Süllberg und StrandPauli.
Für Kinder gibt es etwa 200 Meter entfernt einen Spielplatz. Aber wie wäre es, wenn Sie einfach mal mit der Fähre von Käpt'n Kudd'l nach Hoopte übersetzen

Tipp

Die Vier- und Marschlande sind Hamburgs Blumen- und Gemüsegarten. Die Vielfalt dessen, was hier angebaut wird, finden Sie auf den zahlreichen Hamburger Wochenmärkten wieder. Immer wieder locken Höfe mit Ständen oder Läden, in denen man frisches Obst, Gemüse und Pflanzen kaufen kann. Frischer geht es nicht. Für Kinder ist der Besuch auf dem Biobauernhof Eggers sicherlich ein absolutes Highlight: Schweine, Hühner, Pferde, Schafe – alles da (www.hof-eggers.de).

Beschaulich, am südlichsten Punkt der Hansestadt liegt der Biergarten des Zollenspieker Fährhauses. Hier kann man die Seele baumeln lassen und genießen.

und wieder zurück? Für Kinder allemal ein Erlebnis. Bei schönem Wetter ist der Biergarten ganztägig geöffnet, und Sie sollten unbedingt den selbstgebackenen Kuchen (ab 2,50 €) probieren. Zum Bier passen natürlich besser Brezeln (2 €), Bockwurst (mit Salat 4 €) oder eine Frikadelle (mit Salat 3,50 €), die Sie hier auch jederzeit bekommen. Die Karte wechselt – lassen Sie sich also überraschen und genießen Sie Hamburgs südlichsten Biergarten.

Tipp

Die evangelische Kirche St. Severini, die größte Kirche der Vierlande, ist auf jeden Fall einen Besuch wert. Sie wurde Anfang des 13. Jahrhunderts von Zisterziensermönchen als Klosterkirche gebaut. Wie bei den meisten Kirchen in den Vierlanden, ist der Glockenturm nicht direkt am Kirchenschiff angebaut, sondern steht etwas abseits. Warum das so ist? Der Legende nach soll das Läuten der Kirchenglocken den Teufel derart gestört haben, dass er die Türme in die Elbe werfen wollte. Sie waren aber so schwer, dass er sie absetzen musste. Als er sie wieder hochheben wollte, verweigerte Gott ihm einen zweiten Versuch: »Eenmol dörtst du bloß verseuken«. Frei übersetzt: »Du hast nur einen Versuch«.

Literatur

OLIVER WESSELOH: **Bier Leben.** Die neue Braukultur, Reinbek 2015
SYLVIA KOPP: **Das Craft-Bier Buch.** Die neue Braukultur, Berlin 2014

Bildnachweis

Alte Mühle: Seiten 53-55;
Altes Mädchen: Seiten 39–41;
© Deutsche Bahn AG: Seite 65 unten;
elbPaul: Seite 11;
Dorothée Engel: Seiten 23–25, 27, 28, 31, 33, 42–43, 44, 45, 47, 48, 49, 51, 56–59, 62, 63, 65 oben, 67 unten, 68, 69, 71 unten, 72 unten, 73, 78–81;
© JP Mohr: Seiten 74–76;
Kehrwieder Kreativbrauerei: Seiten 4, 13 oben;
Kuddel Bier: Seite 13 unten;
Landhaus Walter: Seiten 70, 71 oben;
Pixabay: Einband hinten, Seiten 5–10, 15, 16–17, 18 oben, 32, 37 unten, 46, 50, 60–61, 82–83, 84 oben;
Ratsherrn Brauerei: Seite 12, 14;
Schumachers Biergarten: Seite 67 oben;
Schutterstock/Bildagentur Zoonar GmbH: Seiten 72 oben, 95;
Shutterstock/CandyBox Image: Einband vorne oben;
Shutterstock/Vlada Photo: Seiten 92-93;
StrandPauli: Seiten 35–37 oben;
Strandperle: Einband vorne unten, Seite 29;
Süllberg: Seite 18 unten–21;
Veritas Beach: Seiten 85–87;
Zollenspieker Fährhaus: Seiten 89–91;
Zweites Schach Café: Seite 64.

Impressum

Sutton Verlag GmbH
Hochheimer Straße 59
99094 Erfurt
www.suttonverlag.de

Satz: Sutton Verlag
ISBN: 978-3-95400-667-0
Druck: Florjančič Tisk d.o.o. / Slowenien

Buchhinweise

Passagierschiffe in Hamburg
1951–1969
Harald Focke und Frank Scherer
978-3-95400-585-7 | 19,99 €

Ewer und Schuten im Hamburger Hafen
Harry Braun
978-3-95400-633-5 | 19,99 €

Schlepper im Hamburger Hafen
Bernd Schwarz und Arnold Kludas
978-3-95400-707-3 | 19,99 €